NOTICE

SUR

LA BANQUE NATIONALE.

Imprimerie de HENNUYER et Cᵉ, rue Lemercier, 24. Batignolles.

NOTICE

SUR

LA BANQUE NATIONALE

COMPAGNIE GÉNÉRALE

FONDÉE POUR L'ORGANISATION DU CRÉDIT AGRICOLE
DES ASSURANCES ET DE L'INDUSTRIE,

PAR M. ÉMILE COUR.

L'association ne constitue un progrès qu'à la condition d'être universelle.

LOUIS BLANC.

IMPRIMERIE
DE HENNUYER ET Ce, RUE LEMERCIER, 24.
BATIGNOLLES.

10 MARS 1848

NOTICE

SUR

LA BANQUE NATIONALE.

> L'association ne constitue un progrès qu'à condition d'être universelle.
>
> LOUIS BLANC.

Une ère nouvelle se lève pour la France, celle de la régénération par le travail.

Un trône s'est écroulé et avec lui toutes ces funestes doctrines, toutes ces passions mauvaises qui transformaient la société en une vaste arène où la rivalité et l'individualisme entretenaient sans cesse une lutte implacable. A cette oligarchie financière, naguère encore si avide, si impérieusement égoïste, la nation, dans un jour d'élan héroïque, a substitué ces mots : *Fraternité*, *Association*, *Solidarité*, que chacun avait gravés au fond du cœur, mais comme une espérance lointaine, comme un rêve trompeur s'évanouissant au choc de la réalité.

Bientôt cette loi, que la France a glorieusement inscrite sur les tables de l'humanité, sera celle de tous les peuples ; mais il lui reste à démontrer que les principes qu'elle proclame ne sont pas une utopie, une illusion décevante que fait disparaître tout essai de mise en pratique. C'est vers ce but que doivent tendre les efforts des hommes éclairés qui veulent voir la patrie grande et prospère ; et quel encouragement plus flatteur peut-on offrir à leurs travaux que l'assurance de ne plus entendre méconnaître leur voix, que de se savoir entourés des sympathies et du concours de tous ?

L'association est le principe de tout progrès social, le véhicule le plus énergique de la civilisation, la condition essentielle de la force et de l'ordre.

Jusqu'ici, cependant, le pouvoir ne s'est jamais préoccupé, chez nous, de l'organisation du double mécanisme de la production et de la distribution des richesses, et ces deux éléments fondamentaux de toute société bien constituée, sur lesquels portent pourtant la plus grande partie des charges publiques, ont été abandonnés à une déplorable anarchie. Sur ce champ de bataille, ouvert à l'industrie et au commerce, tantôt c'était la lutte des capitaux entre eux, tantôt la coalition des capitalistes contre le travailleur, ou bien la lutte des travailleurs entre eux, puis la coalition des bras contre le capital.

Mais toujours et partout l'exploitation de l'homme par l'homme, partout la propriété établissant, par rapport à l'ouvrier, une espèce de droit de vie et de mort sans autre garantie correspondante que l'impuissante pitié, ou que la moralité du maître, entraîné lui-même, le plus souvent, par les exigences de la concurrence illimitée.

C'est avec une profonde satisfaction que l'œil se détourne de ce tableau, si plein de misères, d'angoisses, de larmes, de plaintes méconnues, pour se porter vers un avenir qu'entourent tant de consolantes espérances. Non, cette fois-ci, du moins, ces espérances ne seront pas déçues ! Fondé par le peuple et pour le peuple, le gouvernement nouveau ne cessera d'entourer de sa sollicitude toute la grande famille des travailleurs, quel que soit le degré de hiérarchie qu'ils y occupent.

N'oublions pas, toutefois, que la transformation sociale qui se prépare ne peut s'effectuer que graduellement, sans réaction et sans secousse, et que ce n'est qu'à cette condition qu'il sera possible de régulariser le mouvement qui emporte la France entière dans la voie d'unité qui doit être la loi d'avenir.

Chacun des actes du nouveau gouvernement n'est-il pas, du reste, la plus éloquente expression des sentiments qui l'animent?

La garantie de *l'existence* de l'ouvrier par le travail, et du travail pour tous les citoyens avec le droit d'association entre tous les travailleurs ; l'établissement d'ateliers nationaux ; l'institution des Invalides du travail ; la nomination d'une Commission permanente du gouvernement pour les travailleurs, avec mission expresse de s'occuper de leur sort ; ne sont-ce pas déjà des pas immenses dans la carrière des améliorations sociales ?

Qu'il nous soit permis de rappeler cependant que l'existence de tous les travailleurs n'est pas attachée à l'extension des ateliers manufacturiers et industriels ;

Que vingt-cinq millions d'habitants se consacrent à l'agriculture ;

Que le revenu brut de l'économie rurale, en général, s'élève à six milliards, tandis que le revenu brut du commerce et de l'industrie ne présente que trois milliards.

Lorsque l'agriculture contribue aussi puissamment à la fortune publique, on a peine à comprendre qu'elle n'ait point été entourée d'une considération plus grande, plus sérieuse, qu'elle ait manqué si longtemps d'une direction large et ferme qui l'eût mise à même d'augmenter ses produits et d'en améliorer la qualité.

La France est riche principalement par la propriété territoriale ; elle est, avant tout, un pays agricole. Si depuis longtemps elle eût pu égaler les autres nations par son industrie manufacturière ou par son commerce maritime, elle n'eût dû jamais non plus cesser de leur être supérieure sous le rapport de l'agronomie, au lieu de marcher à leur suite ainsi qu'elle le fait aujourd'hui. Cette partie de son industrie, qui, il y a deux siècles, était la principale source de ses revenus, ne suffit plus, à beaucoup près, de nos jours, aux besoins de ses habitants. Le produit annuel des récoltes, dans une année ordinaire, laisse un déficit dans la consommation régulière du pays d'environ cinquante à soixante millions de francs, déficit qui s'augmente encore nécessairement dans les années où la terre est frappée de stérilité.

Sans doute la création dans tous les départements d'une institution primaire agricole est au rang des premiers besoins de l'agriculture, et ces besoins n'ont pas échappé à la sollicitude éclairée de notre nouveau gouvernement ; mais, à notre avis, c'est moins encore la routine de ses procédés d'exploitation que la pénurie où elle végète depuis nombre d'années, qui a amené son abaissement actuel.

N'est-il pas évident qu'elle restera impuissante à améliorer ses méthodes d'exploitation, et, par conséquent, à augmenter ses produits, tant qu'elle ne trouvera des capitaux qu'à un taux usuraire, tant qu'elle gémira sous le fardeau croissant des charges fiscales, tant que la précieuse ressource du crédit continuera de lui être interdite ?

A quelles causes doit-on alors attribuer surtout le dépérissement de notre industrie agricole ? quels sont les motifs de l'éloignement dont elle est restée l'objet, malgré les encouragements que ne cessait, depuis quelques années, de lui donner l'ancien gouvernement ?

C'est dans l'état actuel de notre législation, bien plus que dans les tendances nouvelles vers les entreprises industrielles qu'il faut les chercher.

Les charges énormes que supporte la propriété par les impôts directs, les droits de mutation, les partages héréditaires, les échanges qui, dans l'espace d'un siècle ou trois générations, font rentrer son capital tout entier dans les caisses du Trésor, l'absolue nécessité de recourir, pour la moindre transaction, au ministère ruineux des officiers publics ; tels sont les gouffres toujours béants où vont s'engloutir chaque année non-seulement l'épargne prélevée sur les revenus, mais aussi une partie de son capital circulant.

La dette dont est grevée la propriété monte déjà au chiffre exorbitant de près de treize milliards, et s'accroît continuellement dans une rapide proportion ; c'est donc une charge annuelle de plus de huit cent millions en dehors des contributions que supporte la propriété foncière.

Les produits de l'agriculture vont ainsi chaque jour s'épuisant au profit du fisc, et les vices de notre régime hypothécaire ne lui permettent de les renouveler qu'avec d'innombrables difficultés et au prix de grands sacrifices.

Dans l'état actuel des choses, l'agriculture est, ainsi que nous l'avons dit, à peu près étrangère au crédit, et tandis qu'un négociant, un industriel trouvent à emprunter, sans autre garantie que leur moralité, des sommes importantes à 4 et 4 1/2 pour 100, le propriétaire le plus favorisé n'emprunte jamais sur première hypothèque à moins de 6 à 8 pour 100, et cela par l'intermédiaire d'un notaire.

Ces prêts hypothécaires se font ordinairement pour cinq ans, quand ils s'élèvent à une somme considérable, et pour une année au plus, lorsqu'il ne s'agit que d'une somme de trois cents francs à mille francs.

Dans ce dernier cas, le prêteur consent habituellement à renouveler l'obligation en joignant au capital les intérêts échus, et souvent une prime plus ou moins élevée à son profit.

Et, il en est ainsi jusqu'au jour où le rapace créancier juge qu'il est temps de mettre sa victime dans l'alternative de le rembourser en vendant elle-même son modeste patrimoine, ou de lui en laisser faire l'expropriation. Il arrive alors que les immeubles saisis sont vendus au-dessous de leur valeur; que le prix, en grande partie absorbé par les frais judiciaires, suffit à peine à la libération du débiteur...... et sa ruine est consommée.

Quel est donc le remède à opposer à un état de choses sur lequel se sont déjà souvent arrêtés les regards des jurisconsultes et des économistes les plus distingués?

Notre conviction est qu'il réside dans une *institution de crédit* qui puisse intervenir entre l'emprunteur et le prêteur, comme agent, et intermédiaire responsable.

Comme agent, elle aurait à préparer l'emprunt à son origine, à en activer la circulation pendant sa durée, et à en opérer le remboursement à l'échéance.

Comme intermédiaire responsable, elle devrait en garantir la solidité par son capital et son crédit.

Nous ne nous arrêterons pas sur ce système de crédit collectif: sa supériorité sur le prêt isolé est évidente pour tous. Nous ferons remarquer seulement que, outre les garanties qu'il offre, seul aussi il est propre à propager le crédit agricole en France, à détruire dans nos campagnes la prévention qui existe contre tout engagement conçu commercialement, et enfin à apprendre au cultivateur à faire fructifier des sommes, quelquefois considérables, qui, d'une année à l'autre, restent stériles entre ses mains et ne servent point à la production.

C'est en multipliant les établissements de cette nature qu'on peut, en ce moment, apporter une aide véritablement efficace à l'agriculture, et lui enseigner progressivement à utiliser l'instrument nouveau que la réforme du système hypothécaire et la formation d'institutions de crédit vont mettre entre ses mains.

Mais les *Banques* que nous proposons, et dont la pensée va être fécondée sous quelques jours par la pratique, ces banques, disons-nous, ne pourraient longtemps se soutenir, l'expérience l'a démontré souvent déjà, si elles se consacraient exclusivement aux intérêts agricoles.

Il faut, pour réussir, que leur organisation soit telle qu'elles puissent facilement, et au fur et à mesure qu'elles les répandront, renouveler leurs capitaux.

Il faut qu'elles sachent concilier les convenances mutuelles des immeubles et des écus, et les premiers n'acceptent que de longs termes, tandis que les seconds ne veulent que des valeurs à courtes échéances.

Il faut encore que, unies entre elles par une confédération puissante, elles soient toujours à même de s'aider mutuellement, de se porter un secours réciproque, et d'entretenir par la nature même de leurs opérations, par la simple mise en activité de leur mécanisme, l'irrigation de leurs capitaux sur tous les points de la France.

Mais avant d'entrer dans des détails plus précis sur l'organisation de ces *Banques* que nous appellerons NATIONALES, nous allons jeter rapidement les yeux sur l'état du crédit et des banques en France, démontrer de quelles conséquences funestes ont été, pour le commerce et l'industrie, les errements suivis avec une aveugle opiniâtreté, et faire ressortir quel bien-être, quelle prospérité le pays tout entier attend d'une organisation de crédit reposant sur des bases larges et en harmonie avec les besoins, avec la marche rapide des sociétés modernes.

La France est, de toutes les nations, la plus riche en numéraire, mais elle est aussi celle où le numéraire reste davantage inactif, et par conséquent, stérile entre les mains de ceux qui le possèdent. Les établissements de crédit, fondés chez nous depuis un demi-siècle, se sont maintenus, sinon stationnaires, du moins en arrière des besoins que créaient au commerce et à l'industrie les progrès de la civilisation; les services qu'ils sont de nature à rendre sont encore aujourd'hui ignorés ou méconnus de la presque totalité de ceux-là à qui ils devraient venir principalement en aide, du petit commerce et de l'agriculture. A cette cause seule il faut attribuer l'infériorité où nous sommes restés, sous le rapport du développement industriel et du bien-être général, relativement à certaines contrées de l'Europe placées dans des conditions moins heureuses que la France pour prospérer.

En effet, le plus puissant instrument de production, le moteur de toute industrie n'est-il pas le capital? Le restreindre, c'est donc attaquer le travail dans sa source. Le crédit, bien qu'impuissant à produire par lui-même, prête un concours indispensable dans cette association des intérêts matériels, en établissant la circulation du capital, et en maintenant ainsi régulière son alimentation au fur et à mesure que les besoins du travail la réclament.

Or, rien n'importait donc plus au pays qu'une organisation intelligente d'institutions qui eussent créé, fécondé la richesse; qu'un système de crédit qui eût soutenu, vivifié sans cesse les intérêts du travail, provoqué et protégé tout à la fois le perfectionnement des industries, et donné un aliment à toute activité. Alors, nécessairement, on eût vu s'opérer la baisse progressive de l'intérêt des capitaux, leur diffusion dans toutes les classes et sur tous les points du territoire; il serait ainsi devenu possible pour chacun d'entreprendre toute œuvre utile, et de fournir au pays des éléments réels de stabilité en même temps que de progrès.

Mais nos Banques, jusqu'ici, ne se sont pas élevées à la hauteur d'institutions publiques. Elles ne sont point aussi assez nombreuses; leurs capitaux, en général, ne sont point assez importants; la circulation en est trop limitée, leurs rapports entre elles sont nuls ou presque nuls; loin de stimuler, enfin, la production, elles tendent au contraire à l'entraver, et ne semblent avoir d'autre but que de faire des prélèvements fructueux sur le commerce.

L'absence, entre elles, de relations financières est une des principales causes du malaise où elles végètent. Privées, à l'exception toutefois de la Banque dite de *France*, de la faculté d'établir des relations communes par l'échange de leur papier, ou en s'ouvrant réciproquement des comptes courants; privées encore d'étendre leur cercle d'action par l'établissement de comptoirs ou succursales ; doublement refoulées enfin dans l'étroit rayon qui leur est circonscrit; forcées de restreindre le cercle de leurs opérations au chef-lieu du département où est leur siége, les bienfaits de leur institution n'atteignent qu'un bien petit nombre de privilégiés, et ne participent en aucune façon à l'accroissement de prospérité de la contrée.

Faut-il s'étonner après cela de l'indifférence du public à l'égard des banques? Son instinct lui fait, d'ailleurs, malgré l'ignorance où il est de leur mode de fonctionnement, deviner les dangers qui menaçent sans cesse ces établissements, les vices radicaux qui sapent leurs fondements et peuvent les faire crouler au premier choc d'un ébranlement social.

Du reste, c'est à la prépotence que s'est arrogée la *Banque de France* sur toutes les institutions de crédit, au veto qu'elle n'a cessé d'opposer à toute amélioration tentée jusqu'à ce jour, qu'il faut attribuer l'incohérence, la pauvreté de leur mécanisme actuel. Il semble qu'elle ait pris à tâche de repousser toute idée grande, généreuse, féconde en heureux résultats, comme subversive et désastreuse. Plongée dans un assoupissement pléthorique, si elle a été parfois entraînée à adopter des mesures ou des innovations utiles, ce n'était jamais que de mauvaise grâce et comme à regret.

Est-il donc nécessaire d'entrer dans l'historique de cette institution, de rappeler dans quel but elle fut créée, de retracer les obligations que lui imposait envers le pays le privilége qui lui était conféré, pour prouver qu'elle n'a cessé de forfaire à l'esprit de sa constitution, à ses devoirs, à sa mission?

Qui ne se souvient de l'avoir vue dernièrement encore, à Nîmes, à Avignon, à Alger, user arbitrairement de sa prérogative pour s'opposer à l'établissement de banques nouvelles, leurrer le commerce, compromettre les intérêts de ces localités par la vaine promesse d'y établir elle-même des comptoirs?

Et dans quelle occasion s'est-elle départie de la ligne de conduite peureuse et avide que nous lui reprochons? N'a-t-elle donc pas toujours été la première à maintenir le taux de son escompte, et même à l'élever dans les temps difficiles? Au milieu des crises commerciales, de celle que nous venons de subir, par exemple, a-t-elle tenté quelques efforts pour venir en aide à la classe marchande? nullement; elle a, au contraire, resserré ses capitaux, augmenté ses tarifs, raccourci ses échéances (1).

Telle qu'elle est constituée, la *Banque de France* retire d'énormes avantages de son privilége; les dividendes qu'elle distribue à ses actionnaires ne sont jamais au-dessous de 10 à 14 pour 100 et dépassent même souvent ce chiffre; aucune perte réelle n'est constatée, grâce à l'extrême prudence qu'elle met dans ses opérations. On se demande, en présence de cet état de choses, si elle est établie en vue du seul intérêt de ses actionnaires, et si le mandat qu'elle a accepté ne lui commande pas quelques sacrifices en faveur de l'intérêt général.

Il est vrai que la véritable destination de la *Banque de France* est de servir d'intermédiaire entre le crédit public et le crédit privé; d'exercer, dans les moments de crise, une action puissante et modératrice; de préserver, en un mot, les fortunes particulières d'être entraînées dans la ruine publique.

Mais, tout en maintenant son privilége en faveur de ces considérations d'utilité générale, il eût été juste de le réduire.

(1) Telle n'a pas été sa conduite dans cette occasion-ci : ses efforts pour prévenir ou du moins retarder la crise sont dignes des plus grands éloges.

On eût pu aussi la contraindre elle-même à sortir de ses habitudes routinières, et à satisfaire enfin franchement et largement aux exigences de notre époque, en diminuant le taux de l'escompte qui n'est plus aujourd'hui en rapport avec le loyer normal des capitaux, et en mettant au service de tous les vastes ressources que son titre lui confère.

Cet état de notre crédit privé a été, depuis plusieurs années, l'objet d'études sérieuses ; presque toutes ont eu pour résultat de mettre l'État à la tête des nouvelles organisations qu'elles offraient. L'argument sur lequel s'appuient unanimement ces divers systèmes est que, en France, la puissance individuelle est sans force, et que toute assimilation d'intérêts particuliers, qui n'a pour les soutenir indissolublement unis l'autorité de l'Etat, n'offre pas de garanties assez solides pour qu'on puisse y associer les fondements d'une institution largement conçue.

Nous convenons que le fractionnement de la propriété, et plus encore les idées modernes d'égalité, poussées, sous ce rapport, jusqu'à une conséquence exagérée, ont beaucoup affaibli, pour ne pas dire annulé, la puissance individuelle ; mais il est loin d'en être ainsi quant aux principes de l'association ; personne ne doute de leur virtualité.

Malheureusement, il n'a point été fait de ces principes un judicieux emploi. Ils n'ont, jusqu'à ce jour, donné naissance qu'à une multitude de sociétés industrielles et commerciales par actions, indépendantes entre elles, livrées à elles-mêmes, dénuées de toute cohésion et produites par des inspirations particulières sous l'empire de la nécessité. Un plan commun leur a toujours fait défaut ; elles ont manqué de lien fédéral, de direction unitaire ; de solidarité, d'ensemble ; par suite, elles se sont disputé les spécialités, et, se rencontrant ensemble sur le même terrain, s'y sont livré une guerre acharnée.

Toutes nos sociétés par actions sont encore plus ou moins viciées par ce fatal caractère d'isolement et d'individualisme qui inocule à chaque entreprise un germe de faiblesse et de ruine.

Au lieu de mettre un frein au désordre industriel, l'association devient ainsi complice de ses ravages en multipliant infiniment sa puissance. Convertie en un instrument de désastre, elle ne sert, à quelques exceptions près, et quand elle n'enfante pas le monopole, qu'à activer la lutte de la concurrence : souvent même elle a été employée pour exploiter un genre de banqueroute placé hors des atteintes de la loi.

Toutefois, son principe, compromis un moment par les vicieuses et frauduleuses applications qui en ont été faites, est aujourd'hui complétement réhabilité et proclamé comme le seul qui puisse faire cesser la guerre des intérêts entre eux, convertir la concurrence en accord, l'antagonisme en coopération.

Mais cette association, pour être puissante, pour être féconde, doit embrasser dans son sein tous les agents de la production, la propriété foncière et territoriale, l'agriculture, l'industrie et le commerce, et les unir par le lien d'une solidarité mutuelle. Elle doit comprendre encore toutes les individualités ; et celles qui, par leur intelligence et par leurs lumières, peuvent guider les masses dans la voie de la régénération ; et celles qui, déshéritées des bienfaits de l'éducation et du bien-être matériel, doivent être appelées graduellement aux jouissances, puisqu'elles sont admises aux travaux ; puis les classes moyennes, enfin, qui concourent à réunir les extrémités sociales, à leur servir d'intermédiaires, de médiatrices.

Pour fondre en une expression qui leur soit commune cette agrégation de volontés individuelles, de sentiments isolés, dissidents quelquefois, pour rendre cette expression vraie et complète, il faut relier dans le même ensemble tous ces éléments hétérogènes, et ce n'est réalisable que par la *hiérarchie ;* car, de la hiérarchie seule naît l'ordre, l'harmonie des parties avec le tout, sans lesquels l'association reste stérile, inféconde et devient même impossible.

Doit-on cependant placer l'Etat au sommet de cette hiérarchie, ainsi que le prescrit une classe nombreuse d'économistes ?

Tel n'est pas notre avis.

Nous pensons, au contraire, que le patronage direct de l'Etat aboutirait nécessairement à une odieuse exploitation, et deviendrait même dangereux pour les libertés publiques.

Dans tous les cas, il tendrait à ouvrir de nouveau le champ aux envahissements de l'oligarchie financière, frappée au cœur par les événements qui viennent de s'accomplir ; enfin, il serait inefficace à opérer la décentralisation des capitaux, à activer et à régulariser leur circulation sur les lieux où le travail les réclame. Notre crédit ne doit pas être traité comme une plante exotique, dont l'existence factice reste stérile ; c'est un arbre jeune encore, il est vrai, mais vivace et plein de sève ; il faut l'acclimater, l'implanter profondément dans le sol pour qu'il s'y rattache par de fortes et nombreuses racines, pour qu'il se ramifie par d'innombrables rejetons et produise des fruits.

Le rôle de l'État est donc seulement de propager et d'encourager l'organisation du crédit, de se borner à l'exercice rigoureux de son droit de contrôle ; des attributions trop multipliées énerveraient son activité, et ne lui laisseraient plus la faculté de l'initiative dans les questions gouvernementales où elle lui appartient indispensablement. D'ailleurs, les pays où le crédit est le plus étendu et le plus moral sont ceux où il est le plus libre, car la liberté la plus complète est encore moins nuisible au crédit que des restrictions souvent excessives ou inopportunes.

Le gouvernement provisoire a tacitement adhéré à ces principes dans le considérant qui précède son décret relatif à la création de comptoirs nationaux d'escompte ; l'initiative qu'il y prend ne semble qu'exceptionnelle et justifiée par la nécessité de donner l'exemple de l'association, et de constituer le crédit pour prévenir une crise qui devient imminente.

Sous ce double rapport, ces Caisses d'escompte peuvent aussi momentanément rendre des services réels à l'industrie et au petit commerce; mais, de leur organisation actuelle, elles ne doivent attendre qu'une existence précaire et féconde en désastres, si l'Assemblée nationale ne se hâte de remanier leur charte, de remédier à l'isolement où elles sont maintenues quant à présent, par un bon système de coordination qui les enchaîne les unes aux autres et les rende réciproquement solidaires, et de multiplier les relations entre elles en rendant possible, sur tous les points du royaume où elles seront établies, l'échange de leur papier.

Nous le répétons, dans les circonstances difficiles où nous nous trouvons, l'Etat ne pouvait faire mieux que de donner lui-même l'exemple des efforts qui doivent être tentés pour suppléer sans retard à l'insuffisance de notre crédit particulier.

Cet appel sera entendu de tous ceux qui désirent la grandeur et la prospérité de la France, quelle que soit la forme de son gouvernement; de tous ceux qui les préfèrent à leurs intérêts particuliers, et qui, pour y coopérer, ne reculent pas devant des sacrifices personnels.

Tel est, en ce moment, le mobile qui fait agir les fondateurs de la Banque nationale.

Ils ne s'abusent ni sur les difficultés qu'ont fait surgir contre leur entreprise la chute d'une dynastie et l'exagération de craintes avec laquelle est toujours accueilli un nouveau gouvernement, ni sur ce qu'il leur faudra de persévérance et d'abnégation pour asseoir leur combinaison financière sur les bases qu'elle doit avoir.

Mais quand tout s'agite et menace, lorsque tant d'intérêts sont en souffrance et réclament impérieusement un soulagement, peut-être leur saura-t-on gré d'avoir moins consulté l'opportunité de la mise en activité de leur entreprise que les besoins du pays, que le désir, que la persuasion où ils sont de contribuer à leur venir en aide.

Ils savent aussi que le sentiment d'égoïsme qui a vicié la

France pendant quelques années, n'avait pas de racines dans le cœur de la nation, et qu'il vient de s'évanouir aux premiers rayons de notre régénération sociale.

Ils savent que leur pensée sera comprise aujourd'hui mieux que jamais par les grands et les petits capitalistes auxquels ils s'adressent, et que de nombreuses sympathies leur seront acquises.

Enfin, ils comptent sur la sagesse même de leur système, sur la prudence avec laquelle il est conçu, organisé, sur les garanties de succès qu'il offre, et que ne pourrait faire révoquer en doute la critique la plus sévère.

La *Solidarité*, avons-nous dit, est le grand principe sans lequel il n'y a pas d'association possible, sans lequel il ne peut exister d'unité.

L'humanité tout entière est solidaire envers elle-même, c'est un axiome connu depuis longtemps.

Là où les intérêts ne sont pas solidaires, ils cessent donc d'être communs, et là où cesse la communauté d'intérêts, l'association n'existe plus, l'unité n'est plus possible ; il y a dissidence au contraire, lutte, anarchie.

C'est en partant de ce grand, fécond et salutaire principe de la solidarité, que la Compagnie LA BANQUE NATIONALE entreprend d'organiser le crédit.

Elle y procède par la création, sur tous les points du royaume, successivement, d'un certain nombre de *comptoirs* destinés à venir en aide à tous les intérêts généraux et particuliers de chaque localité.

Ces comptoirs, unis entre eux par une constitution hiérarchique et homogène, aboutissent tous à la SOCIÉTÉ GÉNÉRALE, leur centre commun, qui leur donnera une impulsion régulière et uniforme.

Ils se divisent en trois classes, qui se composent, savoir :

1° D'un *comptoir central*, à Paris ;

2° De *comptoirs d'arrondissement*, établis dans tous les chefs-lieux d'arrondissement ;

3° De *comptoirs cantonaux*, formés dans tous les chefs-lieux de canton de quelque importance.

Ces comptoirs feront office de Banques, non-seulement pour l'industrie et le commerce, mais encore pour la propriété foncière et l'agriculture.

Loin donc de s'adresser, comme les Banques ordinaires, aux seuls commerçants riches ou aisés, ils auront pour mission toute spéciale de prêter aux agriculteurs et aux petits industriels, à un taux modéré et moyennant garantie, les sommes dont ils pourront avoir besoin, à la charge par ces derniers de se libérer par versements successifs, échelonnés et réglés d'après leurs recettes présumées.

A la Société générale, la Banque nationale, seule, appartiendra de constituer les comptoirs locaux, et de les *assurer* en les *commanditant* pour un chiffre proportionnel au capital de création.

Elle devra encore, par une direction puissante, éclairée, tenir unis, centralisés, ces divers établissements, faire converger sans cesse vers elle les efforts de chacun d'eux, et, en retour, développer leurs moyens d'action au fur et à mesure des besoins qu'ils seront appelés à satisfaire.

La Banque nationale sera constituée en nom collectif à l'égard des sept membres composant son Conseil d'administration, nommés par l'assemblée générale des actionnaires, et en commandite à l'égard des actionnaires simples.

Le Conseil d'administration se composera d'un directeur général, d'un directeur adjoint, et cinq administrateurs; de plus, vingt-quatre censeurs seront élus chaque année par l'assemblée générale des actionnaires pris parmi les gérants de comptoirs et désignés par le sort.

Son *Capital social* est divisé en deux parties :

1° En *Capital de garantie;*

2° En *Capital d'organisation.*

Le *Capital de garantie* est fixé à *dix millions* de francs.

Il sera augmenté par les deux dixièmes des bénéfices nets de tous les comptoirs, prélevés chaque année à titre de prime et capitalisés sous le nom de *fonds de réserve*.

Le capital de garantie est destiné :

A couvrir les pertes de chaque comptoir jusqu'à concurrence du montant du capital réalisé au moment de l'inventaire ;

A venir en aide aux comptoirs momentanément gênés ;

A payer les sinistres des assurances faites par les comptoirs au nom de la Banque nationale, et d'après un mode particulier que nous ferons connaître ultérieurement ;

A garantir, conjointement avec le capital de chaque comptoir, le payement des billets à trois jours de vue, et les dépôts reçus par les Caisses locales.

Le *Capital d'organisation* est affecté à être donné à titre de commandite aux comptoirs constitués par la Banque nationale, et à former leur capital social. Il sera créé au fur et à mesure de l'organisation des comptoirs, et chaque comptoir sera commandité dans les proportions suivantes, savoir :

1° Le *comptoir central* de Paris, jusqu'à concurrence de dix millions de francs ;

2° Chaque *comptoir d'arrondissement*, jusqu'à concurrence de quatre millions de francs ;

3° Chaque *comptoir cantonal*, jusqu'à concurrence de un million de francs.

Le montant de cette commandite sera remis aux comptoirs en actions de la *Compagnie générale*.

La Gérance de chaque comptoir, avec le concours des inspecteurs et des agents de la *Société générale*, émettra dans la circonscription du comptoir les actions qui lui ont été délivrées pour constituer son *capital social*, et en emploiera le montant pour commencer ses opérations.

Le capital de tous les comptoirs formera donc ainsi un capital

UNIQUE, représenté par des titres d'actions émanant tous de la même souche et ayant tous les mêmes droits.

Les actionnaires d'un comptoir deviendront donc en même temps actionnaires de tous les comptoirs, puisque chacun de ceux-ci ne sera plus de cette façon qu'une fraction d'une vaste unité se résumant dans la *Société générale*.

Ainsi, il suffira de posséder une seule action dans un comptoir quelconque, pour avoir droit à une répartition dans les bénéfices produits par tous les autres.

Par conséquent, en supposant, ce qui est improbable, qu'un comptoir vînt à perdre intégralement son capital social, après avoir épuisé le chiffre des pertes garanties par le fonds de réserve, les propriétaires des actions constituant le capital de ce comptoir ne perdraient pas pour cela le montant de leurs actions; ils n'en continueraient pas moins aussi à percevoir leur part du dividende dans les bénéfices de tous les comptoirs établis par la *Société générale*.

Enfin, à l'expiration du terme fixé pour la durée de la Société, le montant de leurs actions serait remboursé au pair par le *fonds de réserve*.

Une telle solidarité d'intérêts peut seule maintenir, cimenter une association intime entre tous les comptoirs et les actionnaires de ces comptoirs, et, par conséquent, une parfaite unité de vues, de but, d'efforts et de moyens.

La *Société générale* ne se livrera, pour son compte, à aucune opération, de quelque nature qu'elle soit, mais elle est autorisée à créer, pour faciliter les opérations de ses comptoirs, des billets au porteur et à vue de *mille* francs, *cinq cents* francs, *deux cent cinquante* francs, *cent* francs, *cinquante* francs, payables dans chacune des localités où la BANQUE NATIONALE aura un comptoir.

Ces billets seront fabriqués au siége même de la *Société générale*, et d'après un type unique et perfectionné de telle sorte que la BANQUE NATIONALE n'ait pas à redouter la falsification de son papier-monnaie.

La *Société générale* délivrera ces billets à chaque comptoir au prorata de son capital social et suivant ses besoins ; ils seront détachés d'un registre à souche, revêtus de la signature sociale, de la signature personnelle d'un des membres du Conseil d'administration, puis frappés du timbre sec de la *Société générale*, et, enfin, signés de nouveau par le gérant du comptoir auquel ils seront adressés.

Le montant de l'émission du papier-monnaie ne pourra surpasser le montant du capital réalisé.

Dans certains cas particuliers, et pour satisfaire aux besoins de la circulation, seulement, la *Société générale* pourra aussi émettre des billets à ordre, payables au siége de son établissement, ainsi que dans ses comptoirs, à sa volonté ; ils seront à un ou plusieurs jours de vue et transmissibles par endossement.

Chaque mois, et pour ainsi dire à jour fixe, tous les comptoirs devront envoyer l'état de leur situation à la *Société générale* ; celle-ci dressera aussitôt, pour être immédiatement livré à la publicité, un tableau synoptique de ces rapports, déroulant ainsi le mouvement général de la BANQUE NATIONALE et la situation particulière de chacun de ses comptoirs.

A ce tableau se joindra celui du mouvement de chaque série d'opérations réalisées dans cette même période, ainsi que celui de tous les envois de numéraire, avec l'indication des lieux de destination. Un coup d'œil jeté sur ce tableau suffira donc pour faire reconnaître quels comptoirs sont ou non suffisamment pourvus de numéraire, et quels sont ceux où il surabonde ; ceux dont l'administration sommeille et ceux dont l'activité excessive pourrait dépasser les mesures de la prudence.

La *Société générale*, en un mot, est l'institution suprême dont l'œil vigilant et impartial ne cessera de planer sur toute l'organisation du crédit de la BANQUE NATIONALE.

D'elle, ce point vital et saillant de notre système, émanera une impulsion unitaire pour tous les lieux où il se ramifiera.

Par elle, par son infatigable sollicitude, ses comptoirs se trouveront affranchis d'oscillations et de secousses imprévues. Ses combinaisons préviendront les brusques variations des encaisses, maintiendront un équilibre constant dans la fluctuation du numéraire et éclaireront les opérations de chacun des membres de cette large association, en le tenant toujours au courant de la situation financière de la France entière.

Enfin, et pour nous résumer, solidaire des intérêts de ses comptoirs, la Société générale la Banque nationale les aidera de ses conseils et de son crédit; elle favorisera le développement de leurs opérations financières en leur ouvrant des comptes courants; elle leur fera de fortes avances lorsque les besoins de la place l'exigeront, et ses capitaux, placés en rentes sur l'Etat facilement réalisables, pouvant toujours déjouer la malveillance ou les catastrophes, viendront encore accréditer leur papier en circulation; elle interviendra aussi dans leurs opérations d'assurances, qui seront pour eux une nouvelle source d'immenses bénéfices.

De cette intervention tutélaire de la *Société générale*, servant de guide, de lien commun et de caution aux comptoirs locaux, il résultera que ces établissements fonctionneront avec harmonie et d'une manière uniforme; que leurs opérations, pondérées dans un juste équilibre, présenteront la plus parfaite sécurité; qu'ils pourront en tout temps remplir leurs engagements avec la plus ponctuelle exactitude; qu'enfin le crédit dont ils jouiront leur permettra de venir efficacement en aide aux contrées où ils seront établis, d'y seconder puissamment le développement de toutes les industries.

Chaque comptoir, avons-nous dit, sera organisé avec le capital d'actions émis par la *Société générale*, sous le titre de *capital d'organisation*. Ces actions devront être placées dans la localité même où fonctionnera le comptoir, et aucune partie de ce capital de fondation ne pourra en être distraite, sous quelque prétexte que ce soit.

La Gérance d'un comptoir se composera d'un directeur, de deux administrateurs et d'un inspecteur local, choisis parmi les plus forts actionnaires et nommés par la *Société générale*; elle sera surveillée par un Conseil de surveillance composé de douze membres, nommés par l'assemblée générale des actionnaires de ce comptoir.

Les inventaires des comptoirs seront faits chaque année, rendus publics, contrôlés par les agents et inspecteurs de la *Société générale*, puis, examinés en dernier lieu dans une assemblée générale composée de délégués de tous les comptoirs.

Toutes les pertes constatées par ces inventaires annuels seront supportées par la *Société générale* jusqu'à concurrence du capital réalisé. Celles excédant cette limite, plus les ressources mises en disponibilité par le fonds de réserve, demeureront à la charge personnelle des gérants des comptoirs.

La Gérance de chaque comptoir, avant toute répartition, payera à ses actionnaires un intérêt annuel de QUATRE POUR CENT de la valeur nominale de leurs actions; de plus elle est autorisée à retenir deux dixièmes des bénéfices nets à titre de rémunération.

Deduction faite de toutes ces charges, les bénéfices nets de chaque comptoir seront alors adressés à la *Compagnie générale* pour être partagés de la manière suivante :

1° Deux dixièmes de ces bénéfices appartiendront à tous les employés de l'administration au prorata des appointements de chacun d'eux.

2° Deux dixièmes seront mis en réserve par la *Société générale* et destinés à amortir par dixième les frais de premier établissement de chacun des comptoirs, ainsi que ceux de la *Société générale*, et plus tard à faire face aux pertes des comptoirs avant toute participation au capital de garantie.

3° Deux dixièmes seront attribués aux actionnaires du capital de garantie.

4° Les quatre dixièmes restants reviendront, pour sa commandite, à la Compagnie générale, qui les répartira, à titre de dividendes, à tous ses actionnaires.

Or, comme les comptoirs sont constitués avec le capital d'actions de la *Société générale*, il s'ensuit que tous les possesseurs des actions dont le montant forme le capital d'un comptoir, sont actionnaires de la *Société générale*, et qu'ils ont droit, non-seulement à un intérêt de QUATRE POUR CENT, prélevé par anticipation, mais encore à une répartition, à titre de dividende, dans les QUATRE DIXIÈMES DES BÉNÉFICES DE TOUS LES COMPTOIRS constitués par la *Société générale*.

Après avoir donné ces détails sommaires sur le mécanisme, longuement développé dans les statuts, de la combinaison qui place les comptoirs dans une condition d'infaillibilité presque absolue, nous allons faire connaître quelles seront la nature et l'étendue de ces divers établissements de crédit.

A notre avis, l'ORGANISATION DU CRÉDIT est le problème qu'il importe de résoudre tout d'abord, car de sa solution découleront naturellement, sans secousse, tous ceux relatifs à l'organisation du travail, qui agitent aujourd'hui la société et qui ne sont que ses corollaires.

Mais cette question est complexe ; elle embrasse, non-seulement les intérêts industriels, mais surtout ceux de l'agriculture, et c'est ce qu'on n'a pas voulu comprendre encore : aussi, tous les moyens offerts jusqu'à ce jour pour y satisfaire n'ont-ils eu tout au plus que la portée de palliatifs, d'expédients, et n'ont-ils présenté que des résultats éphémères ou nuls pour la prospérité du pays.

Nous disons plus, c'est que s'occuper en ce moment exclusivement d'améliorer le crédit industriel n'aurait d'autres conséquences que d'augmenter les souffrances de la société et de créer, pour un temps prochain, des causes nouvelles de ruine et de désastre.

L'agriculture manque d'hommes parce qu'elle manque de capitaux pour rétribuer la main-d'œuvre. Faire tendre le numéraire à s'éloigner d'elle encore, en lui offrant un emploi plus avantageux, c'est diminuer d'autant ses ressources, restreindre ses moyens d'action ; c'est encourager la migration de l'habitant de la campagne vers les centres manufacturiers, et accroître, par conséquent, le nombre de cette population dont l'existence est soumise à un travail précaire.

Mais, en admettant même qu'on pût lui assurer le travail qu'elle réclame, on n'y parviendrait qu'en exagérant, d'une part, la production au delà des limites actuelles de la consommation, par suite, en dépréciant les produits, en rendant les tarifs aujourd'hui établis pour la main-d'œuvre impossibles à maintenir, quand, de l'autre, tous les objets de première nécessité, tous les produits du sol, en un mot, tendent à élever leurs prix.

La question du crédit agricole est donc la première qu'il est urgent de résoudre, celle à laquelle doivent se consacrer tous les hommes sincèrement désireux de prévenir une catastrophe, imminente dans l'état présent.

La France possède vingt-cinq millions d'hectares de terres arables, sur lesquels il n'est cultivé actuellement que treize millions d'hectares.

Une augmentation de culture de cent soixante-trois mille hectares de terre suffirait seule pour nous soustraire à l'impôt de cinquante à soixante millions que nous payons chaque année en céréales à l'étranger.

Que l'on juge par-là de quelles conséquences serait pour la prospérité du pays la fécondation entière du sol, si l'on y joignait encore les améliorations que réclame impérieusement notre mode d'agriculture.

Mais, loin de pouvoir subvenir aux frais que nécessiteraient des assolements aussi considérables, les ressources de notre crédit agricole sont impuissantes, même pour effectuer des améliorations.

Les produits de l'agriculture sont lents, ils sont soumis aux vicissitudes et aux inconstances des saisons, et la conséquence de cette situation a été, naturellement, de rendre dangereux, on pourrait dire ruineux pour elle, le concours des capitaux à exigibilité fixe, chargés d'un cortége d'intérêts et de frais de toute nature. Or, ce n'est pas avec l'auxiliaire de capitaux chèrement loués, restituables en bloc dans un laps de temps insuffisant, relativement à la lenteur des opérations agricoles, qu'elle peut s'affranchir des entraves qui l'atrophient, et acquérir le développement dont la France, plus que nulle autre contrée, renferme les premiers éléments.

Le système des comptoirs de la Banque nationale tend à combler cette lacune, en permettant à nos petits propriétaires ruraux et à nos agriculteurs de jouir des avantages de remboursement par annuités ou par fractions, et en mettant à leur disposition, à un taux peu élevé et proportionnellement à l'importance de leur exploitation, les capitaux qui leur seront nécessaires.

Non, cependant, que la Banque nationale soit établie uniquement en vue du crédit agricole; nous l'avons dit déjà, une Banque qui se consacrerait exclusivement aux intérêts de l'agriculture se verrait bientôt dans l'impossibilité de renouveler ses capitaux de façon à alimenter sans interruption ses opérations, et se trouverait ainsi dans l'impuissance de remplir la mission qu'elle aurait acceptée. Ce n'est, au contraire, que par la circulation rapide que procure le mouvement de l'industrie qu'elle parvient à augmenter ses ressources à ce point de pouvoir en immobiliser une part au profit de l'amélioration du sol.

D'ailleurs, répéterons-nous encore, l'organisation du crédit est une question complexe, et pour la résoudre il faut l'embrasser dans toutes ses parties et non s'arrêter à quelques-unes d'entre elles.

Les comptoirs de la Banque nationale seront établis avec les cotisations des localités où ils seront constitués ; leur personnel administratif sera choisi dans le pays et parmi les actionnaires.

Agissant dans la plus complète indépendance, il leur sera facultatif d'entretenir entre eux des rapports suivis d'affaires, de régler ces rapports d'après leur appréciation particulière, de les étendre, de les restreindre selon leur gré.

Leurs fonds, spécialement consacrés aux besoins de la contrée, ne pourront d'aucune manière sortir de cette destination pour aller se centraliser dans les caisses de la *Société mère*. Loin aussi de se faire concurrence réciproquement, ils seront naturellement disposés à s'entr'aider dès lors qu'ils seront fondés sur les mêmes bases, régis par une même Charte, qu'ils recevront d'une même administration supérieure une impulsion uniforme, des conseils journaliers, une garantie contre les chances de pertes.

Puis, étant administrés et patronés par des notabilités de l'arrondissement, étant astreints à publier périodiquement l'état de de leur situation ; subissant la double surveillance de leur Conseil particulier et de la *Société générale*, ils ne pourront, en aucun cas, être exposés à des sinistres considérables. Une crise commerciale, quelque intense qu'on la suppose, ne pourra que légèrement les atteindre, attendu qu'ils ont toujours des moyens d'y faire face, soit dans la confiance publique qu'ils auront conquise, soit dans l'assistance de la *Société générale* et des autres comptoirs.

Chaque comptoir, uni indissolublement à la grande famille dont il sera membre, puisera dans cette mutualité une force incommensurable, et sa puissance particulière grandira sans cesse en raison directe de l'extension de l'œuvre intégrale.

Comme Banques commerciales et industrielles, les comptoirs de la Banque nationale escompteront le papier sur Paris, les départements et l'étranger ; ils feront des avances sur consignation de marchandises, dépôt ou titres d'effets publics ou d'actions industrielles; se chargeront de tous payements, recouvrements et négociations; ouvriront des comptes courants au commerce; prêteront leur entremise pour les achats et les ventes de marchandises, d'effets publics, de valeurs gouvernementales ou industrielles, et fourniront des lettres de crédit sur toutes les places où leurs relations seront établies.

Comme Banques foncières et agricoles, ils feront des avances sur consignation de denrées et sur factures, mémoires, créances mobilières et immobilières, loyers, arrérages de rentes, traitements, pensions et autres valeurs non litigieuses; ouvriront des comptes courants aux propriétaires et aux agriculteurs, en leur accordant la faculté de se libérer par des versements successifs; feront des placements hypothécaires remboursables à terme ou par annuités, en adoptant un mode qui MOBILISE LA PROPRIÉTÉ FONCIÈRE; prêteront leur entremise pour les placements hypothécaires, pour les achats et les ventes d'immeubles, et recevront les dépôts d'espèces qui leur seront faits par toutes les classes de la société, en délivrant en échange des sommes qui leur seront ainsi versées, des billets à ordre, ou au porteur, payables à terme et productifs d'intérêts.

Nous allons expliquer maintenant comment les comptoirs de la BANQUE NATIONALE seront en mesure de venir en aide à la propriété foncière et à l'agriculture, en leur faisant des avances à longs termes.

Les Banques publiques et particulières ne peuvent le faire, parce que, disposant de capitaux qui proviennent en grande partie d'émission de billets payables au porteur, à présentation ou à quelques jours de vue, elles se trouvent toujours ainsi sous le coup de l'imprévu; et, d'ailleurs, elles n'attirent point cette masse de numéraire qui se tient en dehors du mouvement des transactions commerciales, attendu qu'elles ne payent point, pour la plupart, l'intérêt des sommes déposées dans leurs caisses.

La position des comptoirs de la BANQUE NATIONALE sera toute différente.

Comptant parmi leurs administrateurs les hommes les plus riches et les plus honorables de l'arrondissement, ils ne peuvent manquer, avec une gestion probe et intelligente, de conquérir rapidement la confiance générale, et aussitôt qu'ils auront atteint un certain degré de développement, ils émettront des billets de circulation à terme, en échange des dépôts qui leur seront faits.

Ces billets, A ÉCHÉANCE FIXE, porteront intérêt, et cette mesure, combinée avec la solvabilité incontestable du comptoir, assurera promptement le cours de ces valeurs représentatives, non-seulement dans l'étendue de la circonscription, mais partout où il existera des comptoirs : ces établissements feront un virement continuel de ces valeurs, qui seront aussi transmissibles par endossement.

Les dépôts que recevront les comptoirs doivent tendre nécessairement à s'accroître, puisque, outre les avantages qu'offriront aux capitalistes la production d'intérêts de leurs fonds, la transmission possible des titres qui les représentent, par voie de l'escompte, c'est-à-dire une réalisation immédiate, le payement en sera encore garanti par le fonds de réserve de la *Compagnie générale*, par un fonds de roulement, par des dépôts d'espèces, de créances hypothécaires et par des effets en portefeuille ; enfin, par le capital de garantie, et de plus par la responsabilité illimitée de la Gérance, toujours représentée par des hommes jouissant d'une haute considération personnelle.

Placés dans de telles conditions, les comptoirs pourront donc aisément reverser sur la propriété et l'agriculture le crédit qui leur sera accordé à titre de Banques d'escompte et de dépôt ; ils pourront aliéner en leur faveur pour une, deux, ou même trois années, une partie de leur capital disponible, puisque toutes leurs échéances seront prévues et calculées d'avance, et qu'ils auront la faculté de les distribuer et de les échelonner selon leurs convenances.

Ainsi, les comptoirs de la BANQUE NATIONALE laisseront tout à la fois aux emprunteurs fonciers et agricoles qui y auront recours, une grande latitude pour les termes et les modes de remboursement, et ils leur procureront l'inappréciable ressource de se libérer par annuités, par fractions aussi minimes qu'ils le voudront.

Mise en pratique sur la vaste échelle qui lui est dès à présent assurée par de nombreuses adhésions, la BANQUE NATIONALE contribuera puissamment, nous n'en doutons pas, à fonder le crédit agricole, et à régénérer ainsi l'agriculture, en offrant une perspective moins ingrate à ceux qui l'exploitent.

Elle atteindra aussi, la largeur de sa conception en est le garant aujourd'hui surtout que toute idée généreuse est accueillie et fécondée; elle atteindra aux proportions d'une vaste et solide institution destinée, non-seulement à faire pénétrer dans toutes les classes et sur tous les points du territoire les bienfaits du crédit, mais à propager encore, par son exemple, les principes de l'association, cette grande loi de l'humanité, proclamée il y a deux mille ans, et que réclament tous les peuples modernes.

Un système de Banques locales qui a obtenu un assez grand succès, celui de l'UNITÉ, fonctionnant depuis quelques années déjà sur divers points de la France, offre, sous plus d'un rapport, de l'analogie avec le nôtre.

Nous ne nions pas même que nous nous soyons inspirés de l'idée qui a présidé à sa fondation, mais pour, nous éclairant de son expérience, éviter les écueils qui entravent sa marche et arrêtent son développement.

Comme principe l'UNITÉ admet la solidarité, elle la proclame comme la base essentielle de toute association ; dans sa mise en pratique elle la repousse, ou ne la maintient qu'avec des restrictions qui la rendent illusoire.

Ainsi :

La Société générale organise *seulement* les comptoirs pour ensuite les surveiller et les mettre en relations les uns avec les autres; *mais elle ne les* COMMANDITE *point.* Le capital social de tous ces établissements est fait par les habitants de l'arrondissement où il est créé, au moyen d'une *souscription* d'actions; ils correspondent tous ensemble et sont unis entre eux par le lien d'une commune origine SANS ÊTRE SOLIDAIRES LES UNS DES AUTRES.

Donc la Société générale n'a d'autre autorité sur ses comptoirs que celle que lui donne un sentiment moral basé sur la reconnaissance et la confraternité.

Quelque respectable que nous paraisse ce sentiment, nous le demandons aux hommes qu'a éclairés la pratique des affaires, est-il assez fort pour maintenir une organisation purement hiérarchique? Est-il assez fort pour combattre les causes de dissentiment qui ressortent de l'hétérogénéité et de la discordance des éléments qu'il faut tenir unis, assimilés?

D'un autre côté, dans un moment de crise ou simplement d'embarras momentané, à qui un comptoir peut-il demander assistance, puisque la *Société générale*, qui pèse sur lui, cependant, par le prélèvement d'une prime, est impuissante pour la lui fournir? aux autres comptoirs? mais veulent-ils toujours l'accorder? le peuvent-ils d'ailleurs sans affaiblir leurs ressources au delà de la prudence, ou sans se mettre dans la nécessité de restreindre leurs opérations qu'ils tendent naturellement à agrandir plutôt?

Enfin, un des vices radicaux de la constitution de l'UNITÉ est la libre émission du papier-monnaie.

Cette opération qui, dans les Banques ordinaires, est entourée des formalités les plus minutieuses, et cependant insuffisantes d'après l'opinion de nos praticiens les plus distingués, est abandonnée à l'arbitraire des directeurs de comptoirs.

Sans mettre ici en cause la bonne foi, l'inaptitude seule suffit pour amener des sinistres dont une contrée tout entière ressentirait longtemps les conséquences.

Bien que les principes en matière de Banques aient acquis aujourd'hui une certaine fixité, et que la différence qui doit exister entre la réserve métallique et la mise en circulation du papier-monnaie repose sur des règles à peu près invariables, il est des cas où une Banque est appelée à proportionner le chiffre de ses billets à l'accroissement de la circulation.

Mais une Banque particulière peut-elle obtenir des renseignements certains sur les besoins réels de cet accroissement, quand elle n'est pas à même d'observer, comme il arrive en général, le mouvement financier au delà des limites du rayon ordinaire de ses opérations ?

Nous le répétons, une coordination réelle, indissoluble, reposant sur une réciproque solidarité, peut seule tenir rassemblés en faisceau les intérêts divergents qui se débattent sur la surface du royaume. Ce n'est pas à un appui stérile que doit se borner la *Société générale* ; mais c'est en portant un secours efficace à ses comptoirs en temps de crise, en se montrant toujours en mesure de les assister lorsqu'ils manquent accidentellement de numéraire pour faire face aux mouvements d'affaires de la contrée, qu'elle conservera sur eux sa puissance hiérarchique et l'autorité nécessaire pour les diriger.

La Banque Nationale, avons-nous dit, outre les opérations qui sont dans les attributions ordinaires des établissements de crédit, organisera aussi des compagnies d'assurances contre *l'incendie*, *maritimes*, etc., etc., dont le siége sera à Paris, à l'hôtel même de la *Société générale*, et qui fonctionneront dans toutes les contrées où seront établis des comptoirs.

Malgré ce que l'assurance a de vivifiant dans son principe, de fécond dans ses résultats, en France elle est méconnue, ou plutôt, la fausse application qui en a été faite jusqu'ici a éveillé à son égard la méfiance de la nation.

Ainsi, pour ne parler ici que des assurances contre l'incendie, une des plus grandes préventions qui éloignent d'elles, est la difficulté qu'éprouve l'assuré, généralement, à se faire rembourser le montant d'un sinistre.

Et il n'y parvient, en effet, qu'après avoir subi les interminables longueurs nécessitées par l'échange de rapports entre la Compagnie centrale et l'agent local, puis de ceux de l'inspecteur spécial envoyé sur les lieux ; enfin, si une contestation survient, on en réfère aux tribunaux, et ce n'est qu'après bien des délais, des ennuis de toute sorte, que l'assuré recouvre une partie de ce qu'il a perdu.

D'un autre côté, les dépenses énormes que nécessite l'organisation des Compagnies d'assurances les grèvent pour plusieurs années, quand elles ne détruisent pas en elles toute vitalité, restreignent ainsi le cercle de leurs opérations, et par conséquent, diminuent le chiffre de leurs bénéfices.

Sous ce double rapport, la Banque nationale ne peut espérer que des résultats avantageux. Annexées à la *Société générale* même, les Compagnies d'assurances seront dirigées par les administrateurs délégués à cet effet, et n'exigeront en outre, pour Paris, qu'une très-faible augmentation de personnel. En province, l'inspecteur local remplira les fonctions d'agent spécial pour les assurances, et trouvera nécessairement dans chaque actionnaire, non-seulement un client, mais encore un auxiliaire.

Enfin, le montant des sinistres, réglé sur arbitrage, sera remboursé par le comptoir local par provision de la *Société générale* dans un délai qui n'excédera jamais dix jours, à partir de celui où il aura été constaté.

Donc, par ce nouveau mode, la Banque Nationale ouvrira une deuxième source de bénéfices pour ses actionnaires et dotera le pays d'un établissement à même de faire apprécier, enfin, les bienfaits réels de l'assurance.

FIN.

Typ. Hennuyer, Batignolles.

www.ingramcontent.com/pod-product-compliance
Ingram Content Group UK Ltd.
Pitfield, Milton Keynes, MK11 3LW, UK
UKHW032021260826
14628UKWH00006B/2638

9 782019 671075